ENTRE EL «QUIZÁ» Y EL «BASTA»
© David González Arcas
Diseño de portada: Dpto. de Diseño Gráfico Exlibric

Iª edición

© ExLibric, 2026.

Editado por: ExLibric
c/ Cueva de Viera, 2, Local 3
Centro Negocios CADI
29200 Antequera (Málaga)
Teléfono: 952 70 60 04
Fax: 952 84 55 03
Correo electrónico: exlibric@exlibric.com
Internet: www.exlibric.com

ISBN: 979-13-88255-32-8
Depósito Legal: MA 511-2026

Impresión: PODiPrint
Impreso en Andalucía – España

Nota de la editorial: ExLibric pertenece a Innovación y Cualificación S. L.

DAVID GONZÁLEZ ARCAS

ENTRE EL «QUIZÁ» Y EL «BASTA»

ExLibric

ANTEQUERA 2026

Alguien dijo una vez que existen diferentes tipos de dolor: el de una muerte, el de un golpe, el de un desamor… Este último es el más difícil de digerir. Crees que estás preparado, que sabrás afrontarlo, hasta que llega como una ola que te arrastra y no deja rastro de ti.

La muerte se lo lleva todo de golpe; el desamor se queda, permanece. Vuelve cuando menos lo esperas, como la espuma después de que la ola rompa, dejándote sin opciones, sin caminos alternativos. A veces, surge la pregunta de por qué el amor se acaba cuando dos personas son felices. Y, quizá, la respuesta sea esta: el amor no se acaba. Permanecen el cariño, el respeto, la admiración por quien compartió tu vida. Lo que se rompe es la rutina, el desgaste, el cansancio de haberlo dado todo, de llegar a un límite que nunca pensaste alcanzar. Ahí, y solo ahí, terminan incluso las historias más llenas de amor.

Han pasado casi cuatro años desde que pude gritar al mundo que era libre. Cuatro años de trabajo, de constancia, de reconstrucción. Cuatro años desde que un vacío provocado por la muerte empezó a llenarse poco a poco gracias al amor de una persona buena, fiel y humilde.

Lo que sigue no es una historia de amor ni de desamor. Es una historia de reconstrucción, de caída, de miedo, de memoria, de alguien intentando no perderse del todo mientras aprende que, a veces, seguir adelante también duele.

Y, quizá, mientras lees, te reconozcas.

Quizá recuerdes a alguien.

O quizá te recuerdes a ti mismo en un momento en el que no supiste cómo seguir, pero seguiste igual.

Porque todos, en algún punto, hemos tenido que aprender a vivir con lo que no salió como esperábamos.

Y ESTA HISTORIA EMPIEZA JUSTO AHÍ.

¿Qué pasa si echamos la vista atrás y recordamos todo eso por lo que hemos pasado? Quizás se nos salte una lágrima al pensar que el tiempo ha ido volando y que lo que se ha ido jamás volverá. Quizás somos capaces de recordar aquello que nos hizo felices, recordar aquellos momentos en los que ni el tiempo ni las preocupaciones pasaban, eso por lo que ha merecido la pena todo ese tiempo.

Así es como empieza un amor correspondido, de esos que uno sueña cuando es niño, de esos que miras y piensas «es para el futuro». Dos niños que empezaron a quererse bien, con profundo respeto, con nervios en el estómago, con primeras veces que lo hacían todo más ligero.

Pero para entender esas primeras veces hay que volver al pozo oscuro en el que ella lo encontró.

Venía de un año roto, de heridas abiertas y pensamientos sin puerto y, entonces, apareció alguien capaz de demostrar que incluso el lado malo de la vida es menos malo si se comparte. Ella no guardaba paz por dentro: la desbordaba. Y eso fue lo que le enamoró.

Se lanzaron sin certezas, con miedo, con dudas, pero también con una energía que vencía al temor. Avanzaron como quien cruza una carrera de obstáculos con la mirada firme. Y fue entonces cuando aquel pozo empezó a tener una salida, una escalera con nombre propio, a la que se subió sin pensarlo, como si fuera la última oportunidad de volver a ser quien había sido. Ella hizo posible ese proceso, casi como magia, hasta que el dolor dejó de doler y solo quedaron los recuerdos.

Porque empezar algo nuevo, cuando aún duele lo anterior, no se parece a la ilusión que uno imagina. Se parece más a caminar con cuidado, como si el suelo pudiera romperse en cualquier momento. Hay ganas, sí, pero vienen acompañadas de miedo y de una culpa silenciosa por volver a sentir. El corazón avanza con el freno puesto, midiendo gestos y palabras, desconfiando incluso de sí mismo. A veces, la tristeza aparece en medio de lo bonito, sin avisar. Se buscan certezas pequeñas, aunque nunca basten. Y, aun así, entre el cansancio y el temor, algo se queda: una esperanza frágil que no promete nada, pero insiste. No porque el miedo se haya ido, sino porque, incluso roto, el corazón sigue queriendo amar.

Y fue ahí cuando empezó todo de verdad, sin grandes gestos ni promesas. No llegó como una explosión; lo hizo como algo que se iba colocando despacio en su sitio. Como si alguien hubiera entendido que no hacía falta correr, que primero había que aprender a estar. Con ella no hubo prisas ni exigencias, solo una forma distinta de acercarse, de hablar, de mirar. Una forma que no dolía.

Las primeras conversaciones no buscaban impresionar, buscaban comprender. Había silencios que no incomodaban y palabras que no pesaban. Él no necesitó fingir estar bien, ni ella le pidió que lo estuviera. Simplemente fue. Y en ese «ser», tan sencillo, empezó a sentirse algo parecido a la paz.

Era una tarde de abril cuando aquella niña rebelde y resistente al amor hizo posible la frase de *«se le escapó un te quiero a la que no quería nada»,* y menos mal que lo hizo, menos mal que se le escapó un «te quiero» en medio de toda aquella adrenalina que soltaron en su primer beso, en su primera mirada, en su primera conversación. Algo pasó aquella tarde, algo que ninguno de los dos supo explicar del todo, pero que, desde entonces, dejó de parecer casual.

Es imposible que recordara todo esto sin lágrimas en los ojos, sin la piel erizada y sin la cabeza dándole mil vueltas a todo. En ese primer momento era imposible pensar que algún día todo llegaría a su fin, pero, mientras tanto, ellos disfrutaban como dos niños chicos en un parque de bolas, una tarde que no tenía final.

Conocerla no significó olvidar lo anterior, significó convivir con ello sin miedo. Ella no llegó a borrar heridas, llegó a no asustarse de ellas. Y eso, para alguien que venía roto, era nuevo. Porque no intentó arreglarlo, no lo empujó a ser distinto, no le prometió que todo iba a estar bien. Solo se quedó. Y quedarse, a veces, es la forma más honesta de amar.

Poco a poco, sin darse cuenta, empezó a bajar la guardia. A confiar en gestos pequeños, en mensajes que llegaban sin exigencias, en planes que no imponían futuros. Volvió a sentirse suficiente. No mejor, no perfecto, solo suficiente. Y eso fue más que creíble para empezar a creer otra vez.

Así entendió que el amor no siempre llega cuando uno está preparado, sino cuando encuentra a alguien que sabe esperar. Que no todo empieza con fuegos artificiales; algunas historias comienzan con calma, con respeto, con una cercanía que no asusta. Y que, a veces, justo cuando uno cree que no puede volver a sentir, aparece alguien que no te obliga a hacerlo y, por eso, lo consigue.

Y, sin darse cuenta, sin buscarlo, sin prometerlo, el amor empezó a hacerse sitio. No como una urgencia, sino como una certeza tranquila. De esas que no gritan, pero se quedan.

Al principio, todo fue sencillo, casi demasiado: quedadas sin expectativas, planes improvisados, risas que no buscaban tapar nada. Había algo distinto en cómo se daban las cosas, como si ninguno necesitara demostrar nada al otro. No hacía falta adornar las historias ni esconder los silencios. Lo que había bastaba, y eso, viniendo de donde venía, era nuevo.

Empezaron a aparecer los pequeños rituales: un mensaje al despertar, una llamada sin motivo, una conversación que se alargaba más de la cuenta sin que nadie mirara el reloj. Las primeras veces volvieron a existir, pero sin la presión de otras primeras veces. Eran distintas: más conscientes, más cuidadas… No había prisa por llegar a ningún sitio, solo ganas de quedarse un poco más.

Él empezó a notar cómo algo se recolocaba por dentro. No de golpe, no como antes. Era, más bien, una sensación suave, como cuando te acostumbras a una luz encendida en mitad de la noche y que deja de molestarte. El miedo seguía ahí, pero ya no ocupaba todo el espacio. Había aprendido a convivir con él sin que decidiera por él.

Con ella volvió a hablar de cosas que había dejado guardadas: sueños pequeños, ideas sin forma, planes que no se decían en voz alta por si se rompían. Y ella escuchaba. De verdad. Sin corregir, sin minimizar, sin prometer nada que no pudiera cumplir. Escuchaba como si lo importante no fuera el futuro, sino ese momento exacto en el que alguien decide abrirse un poco más.

Hubo días en los que el pasado regresaba sin avisar. Gestos que removían recuerdos, palabras que activaban miedos antiguos. Pero, por primera vez, no salió corriendo. Se quedó. Se permitió sentir sin huir. Porque estar con ella no le pedía ser otro, solo le permitía ser quien era en ese momento.

Y, entonces, ocurrió. No hubo un instante concreto ni una frase definitiva. Simplemente, un día se dio cuenta de que pensaba en ella cuando algo iba mal, y también cuando algo iba bien. Que su nombre aparecía en los planes sin esfuerzo. Que su ausencia empezaba a notarse incluso cuando no estaba acostumbrado a tenerla cerca.

Ahí entendió que ya estaba dentro. No por necesidad, no por costumbre, sino porque, sin darse cuenta, había vuelto a elegir.

Y eligió quedarse.

Eligió sentir.

Eligió amar, aun sabiendo que amar nunca es seguro del todo.

Porque, a veces, el amor no empieza cuando el miedo desaparece, sino cuando deja de ser una excusa para no intentarlo.

La rutina empezó a llegar sin hacer ruido. No como algo que pesa, sino como algo que ordena. Días que se repetían con gusto, planes que ya no necesitaban improvisarse, una tranquilidad nueva que se parecía mucho a estar en casa. Y, durante un tiempo, eso fue suficiente. Más que suficiente.

Aprendieron a reconocerse en los pequeños detalles. En cómo uno pedía el café. En cómo el otro se quedaba callado cuando algo le preocupaba. En la manera en que los silencios empezaban a decir más que las palabras.

Ya no eran dos personas intentando no romperse. Eran dos personas construyendo.

Y así es como él dejó de vivir con la sensación de que todo podía acabarse en cualquier momento. Empezó a permitirse imaginar más allá de la semana siguiente. Más allá del mes siguiente.

Se sorprendió hablando del futuro sin sentir culpa, y eso era nuevo, porque antes el futuro daba miedo. Ahora empezaba a ilusionar, y eso a todos nos ha pasado alguna vez.

No fue una decisión consciente. Fue un desliz natural hacia algo más profundo. Hacia esa zona en la que el amor deja de ser emoción intensa y se convierte en compromiso silencioso.

Empezaron a hablar de «nosotros» sin darse cuenta. No como una etiqueta, sino como una dirección. Y ahí fue donde la historia dio un paso más.

Ya no se trataba solo de estar bien juntos. Se trataba de construir algo que mereciera la pena sostener.

Hubo conversaciones serias. No dramáticas, pero reales. Sobre expectativas. Sobre tiempos. Sobre miedos. Sobre lo que cada uno necesitaba para sentirse seguro.

Por primera vez, él no evitó esas conversaciones. No cambió de tema. No se escondió detrás del humor. Se quedó, escuchó, explicó.

Estaba aprendiendo. Aprendiendo que amar no es solo sentir, es negociar espacios. Es respetar ritmos. Es entender que la otra persona no existe para llenar tus vacíos, sino para caminar a tu lado.

Y, durante un tiempo, caminaron al mismo ritmo. Ese ritmo que marcaban los mensajes, las llamadas, las quedadas, el ritmo que la vida te imponía. A él no le importaban sus decisiones; a ella, menos aún.

Todo fue pasando. La vida los iba poniendo en su sitio, la distancia dictaba sentencia de cuándo hacerlo, pero incluso con eso aprendieron a vivir, aprendieron a sentir, aprendieron que todo se puede cuando se tienen ganas, y esas ganas eran lo que iba a marcar todo el tiempo en toda esta historia.

Empezaron a llegar las primeras veces más honestas. Ese primer cumpleaños en el que ya no bastaba con una felicitación rápida, sino con pensar durante días qué podría hacerla sonreír. Ese primer «¿qué quieres que te regale?» que, en realidad, significaba «quiero acertar contigo». El conocer a las familias, el incluirse en planes donde antes solo había espacio para amigos de siempre. Era algo que salía solo y que se valora poco, pero que tiene más importancia de la que jamás podría empezar a darle.

La primera vez que cruzó la puerta de su casa no fue solo una visita. Fue una declaración silenciosa. Observó las fotos en las paredes, escuchó historias de cuando ella era pequeña, entendió de dónde venían algunas de sus manías, sus miedos, su manera de querer. Y, de pronto, todo encajó un poco más.

Ella también entró en su mundo sin pedir permiso, pero con respeto. Conoció a sus amigos, escuchó versiones antiguas de él, se rio de anécdotas que ya no dolían. Y, en ese intercambio, algo cambió: ya no eran dos personas aisladas. Eran dos historias entrelazándose.

La distancia intentó marcar el ritmo durante un tiempo. Kilómetros que obligaban a organizarse, horarios que no siempre coincidían. Dos vidas diferentes destinadas a estar juntas, simplemente con organización y constancia. En este punto de la historia, ellos aprendieron a querer también en la espera. En los mensajes de buenos días que llegaban, aunque uno estuviera medio dormido. En las llamadas que duraban lo justo para escuchar la voz del otro y recordar que seguían ahí.

Las despedidas dolían un poco, sí. Pero no como antes dolía el abandono. Dolían como duele algo que sabes que volverá. Y eso era diferente.

Empezaron a celebrar lo cotidiano: un carnaval, unas fiestas del pueblo, un simple café… Cualquier excusa se volvía importante si era juntos. Un domingo sin plan era suficiente si podían caminar sin rumbo. Descubrieron que el amor no siempre se demuestra en grandes gestos, sino en la constancia. En aparecer, en cumplir, en estar incluso cuando no es emocionante.

Hubo también pequeñas discusiones. Tonterías que antes habrían sido motivo de huida, pero esta vez no. Esta vez aprendieron a quedarse en la conversación incómoda. A pedir perdón sin orgullo. A escuchar sin preparar una respuesta defensiva.

Y, quizás, ahí empezó algo que entonces no parecía importante. Ella aprendió a ceder con facilidad, a suavizar las aristas, a evitar que las discusiones crecieran. Lo hacía por amor, sin darse cuenta de que, cuando uno siempre baja el volumen, a veces termina dejando de escucharse.

Eso también era nuevo. Porque amar no era solo sentirse bien. Era sostener cuando algo se desajustaba. Y, durante mucho tiempo, supieron hacerlo.

Empezaron a imaginar cosas que antes parecían lejanas. Viajes que aún no tenían fecha. Lugares donde, quizá, vivirían algún día. Bromas sobre futuros improbables que, en el fondo, tenían algo de verdad. No hablaban del mañana con ansiedad, sino con curiosidad.

Y él, que antes solo sabía escribir desde la herida, empezó a escribir desde la calma. Ya no necesitaba desahogarse. Ahora quería guardar recuerdos. Quería congelar momentos. Quería que aquello durara.

Porque, por primera vez, no sentía que estuviera sobreviviendo. Sentía que estaba construyendo.

Y cuando uno construye, empieza a creer que lo levantado puede sostenerse. Aunque todavía no sepan que incluso las estructuras más firmes necesitan un mantenimiento constante.

Pasaron los meses. Después los años. Pasaron los veranos compartidos, los inviernos bajo la misma manta, los planes que, al principio, eran provisionales y terminaron siendo tradición. Pasaron las pequeñas discusiones que ya no asustaban, porque sabían cómo volver al centro. Pasaron los momentos importantes sin que nadie se diera cuenta de que lo eran: la primera Navidad juntos, el primer viaje largo, la primera vez que uno estuvo realmente mal y el otro se quedó sin condiciones.

Los gusanillos del principio se transformaron en algo más estable. Ya no era esa necesidad urgente de hablar a todas horas, sino la tranquilidad de saber que el otro estaba ahí, aunque no hubiera conversación constante. Cambió la intensidad por la profundidad. Cambió la euforia por la certeza. Y eso también era bonito.

Aprendieron a conocerse en lo cotidiano. A saber cuándo el otro necesitaba silencio y cuándo necesitaba compañía. A interpretar miradas sin palabras. A entender que amar no es solo coincidir en lo extraordinario, sino sostenerse en lo ordinario.

Hubo viajes improvisados que terminaron siendo inolvidables. Hubo fotos que ahora descansan en algún álbum, capturando sonrisas que parecían eternas. Hubo planes de futuro dibujados en servilletas de bares, conversaciones de madrugada imaginando casas que aún no existían, ciudades que, tal vez, algún día recorrerían juntos.

Empezaron a convertirse en referencia el uno del otro.

A ella se le notaba cada vez que lo miraba a los ojos, cada vez que hablaba con alguien externo de él, sus ojos se iluminaban y su voz se quebraba de solo pensar en él. Y eso él lo sabía, por eso fue correspondido. A él se le venía todo encima cuando hablaba de ella, cuando pensaba en ella, cuando ella era la «teoría del todo».

Si algo salía bien, era la primera persona a la que llamar. Si algo dolía, era el primer refugio.

La relación dejó de ser una novedad para convertirse en parte de la identidad. Ya no eran «ellos dos saliendo». Eran, simplemente, ellos. Un equipo. Una estructura que parecía sólida, porque había sido levantada con paciencia, respeto y ganas reales. Un apoyo mutuo que, cuando echas la mirada atrás, te das cuenta de lo que significaba.

También llegaron los logros personales: nuevos traba-jos, cambios de etapa, decisiones importantes. Y en cada paso importante, el otro estaba presente. No siempre con soluciones, pero sí con apoyo. Y a veces eso es más que suficiente.

La rutina dejó de ser una amenaza y se convirtió en hogar: cenar juntos sin necesidad de conversación constante, compartir espacio sin invadirse, reírse de chistes repetidos que solo ellos entendían.

Descubrieron que el amor no siempre vibra alto; a veces simplemente respira. Y mientras respira, vive.

Hubo momentos en los que se miraban y pensaban que aquello era lo correcto. No perfecto, pero correcto. Y esa sensación, para dos personas que habían aprendi-do a desconfiar del exceso de intensidad, era un triunfo silencioso.

Se acostumbraron a la presencia del otro como uno se acostumbra a la luz del atardecer: no sorprende cada día, pero cuando falta, se nota.

Y así siguieron, construyendo, sin prisa.

Y en esa calma encontraron algo que parecía definitivo.

Ya no hacía falta confirmar cada sentimiento, ni repetir promesas. Lo que habían construido parecía sostenerse solo.

La vida empezó a ocupar más espacio: trabajo, responsabilidades, decisiones que no siempre coincidían en tiempo ni energía. No era distancia emocional. Era, simplemente, crecimiento individual dentro de una estructura compartida.

A veces, uno estaba más cansado que el otro. A veces, las conversaciones se reducían a lo necesario. No por falta de interés, sino por exceso de rutina.

Y nadie lo vio como un problema. Porque cuando algo funciona durante tanto tiempo, uno deja de preguntarse cómo funciona. Simplemente asume que seguirá haciéndolo. Y simplemente ellos seguían queriéndose. Seguían eligiéndose.

Pero ya no lo hablaban tanto. Ya nada era igual.

Sin que se dieran cuenta, algunas pequeñas diferencias empezaron a asomar. No eran discusiones ni desencuentros, solo ligeros silencios que duraban un poco más, miradas que tardaban en responder, mensajes que llegaban después de más tiempo del acostumbrado.

La vida seguía en calma, y la certeza de estar juntos no desaparecía, pero había una sensación extraña: la de que incluso lo que parecía estable podía cambiar, casi imperceptiblemente.

Él empezaba a preguntarse si siempre podría sostener aquella tranquilidad, si la rutina que antes le daba paz podía algún día cansarlo.

Ella también lo notaba, aunque no lo nombraba. Ciertos días sentía que los gestos cotidianos necesitaban un esfuerzo invisible para mantenerse.

Y, en medio de todo, aprendieron a mirar estos pequeños indicios sin dramatizar, a seguir construyendo sin precipitarse, como si intuyeran que la vida tenía su propio ritmo, y que el tiempo mostraría lo que debía mostrarse.

Y es que incluso en los momentos más estables, la vida no deja de moverse.

Y a veces el cambio no llega como un golpe, sino como una ligera diferencia de paso, casi imperceptible.

No todo el mundo sabe cuándo empieza a romperse. A veces, no hay una fecha, ni una discusión clara, ni una palabra exacta que lo cambie todo. A veces, la ruptura no llega de golpe, llega en silencio. Lo hace cuando te das cuenta de que estás cansado sin saber de qué. Cuando sonríes, pero ya no te reconoces en el gesto. Cuando miras alrededor y todo parece estar en su sitio, menos tú.

Nadie te enseña a perder algo que todavía sigue vivo. Nadie te prepara para despedirte de alguien que respira, que existe, que sigue ahí, pero ya no contigo. Porque el dolor más confuso no es el que viene con un final rotundo, sino el que se instala poco a poco, el que no sabe irse, el que no entiende de tiempos ni de lógicas. Ese que no mata, pero tampoco deja vivir del todo.

Hay un momento —y casi nadie habla de él— en el que empiezas a notar que algo se está agotando. No el amor necesariamente, sino la fuerza. La capacidad de sostener, de explicar, de intentarlo una vez más. Empiezas a vivir en automático, a normalizar silencios, a justificar ausencias, a convencerte de que así también se puede. Y, mientras tanto, por dentro, algo se va cerrando.

En ese punto exacto donde uno ya no sabe si está aguantando por amor o por miedo.

En ese espacio incómodo entre querer quedarse y necesitar marcharse.

En ese lugar donde el corazón no se rompe de golpe, sino que se cansa.

Aquí no hay respuestas claras ni finales bonitos. Hay noches largas, pensamientos que no descansan, recuerdos que aparecen cuando no deben. Hay decisiones que duelen más que cualquier pérdida. Hay despedidas que no se dicen en voz alta y culpas que no encuentran a quién señalar. Hay amor, sí, pero también hay desgaste, confusión y una tristeza que no siempre sabe llorar.

Porque amar no siempre es suficiente.
Porque querer bien también implica soltar.
Porque a veces no se pierde a alguien, se pierde el lugar que ocupabas a su lado.

Estas páginas no intentan dar lecciones. No buscan consolar, solo acompañan. Son el reflejo de alguien que intentó entender qué pasa después del «para siempre», qué queda cuando el futuro que imaginabas deja de existir. Alguien que aprendió que el duelo no siempre viene de la muerte, que hay ausencias que pesan más cuando siguen teniendo nombre, voz y recuerdo.

Y en esa calma tan rutinaria empezó a colarse algo difícil de nombrar. No era falta de amor, ni de ganas, ni de ilusión. Era más bien una sensación ligera, casi invisible, de cansancio acumulado. De estar siempre sosteniendo algo sin saber muy bien qué. Como si ambos caminaran en la misma dirección, pero a ritmos distintos.

A veces aparecían silencios que ya no eran tan cómodos. No molestaban, pero se notaban. Conversaciones que antes fluían solas empezaban a necesitar esfuerzo. No por desinterés, sino por desgaste. Porque querer también cansa cuando uno no termina de escucharse a sí mismo.

Él empezó a preguntarse cosas que no se atrevía a decir en voz alta: si estaba dando todo lo que tenía, si se estaba perdiendo algo por quedarse, si aquel equilibrio que tanto había costado construir seguía siendo justo para los dos. Y esas preguntas no buscaban respuestas inmediatas, solo espacio para existir.

Ella, sin darse cuenta, también comenzó a cargar con cosas que no decía. A protegerlo incluso cuando él ya podía sostenerse solo. A quedarse cuando quizá también necesitaba moverse. Y en ese cuidado constante empezó a diluirse un poco de ella misma.

No hubo discusiones grandes ni momentos definitivos, solo pequeñas señales. Cansancio después de un día largo. Menos paciencia de la habitual. Más pensamientos de los necesarios. Nada grave. Nada urgente. Nada que pareciera anunciar un final.

Y, precisamente por eso, nadie se dio cuenta.

Porque las historias que se rompen despacio no avisan. No gritan. No se caen de golpe. Simplemente empiezan a pesar.

Y, aun así, se seguían eligiendo cada día, con miedo, con dudas, con amor. Sin saber que, a veces, incluso el amor más sincero también necesita aire para no ahogarse.

Y es ahí donde comenzó la verdadera historia de este libro, el verdadero diario de una crónica anunciada.

Y esa historia no empezó con un grito. Empezó con una conversación más larga de lo habitual. Con palabras medidas. Con silencios que ya no eran casuales.

No hubo reproches grandes, solo una sensación compartida de que algo estaba pesando más de la cuenta.

Se miraron intentando encontrar la versión del otro que conocían y, por primera vez, no la encontraron del todo.

AHÍ EMPEZÓ TODO.

Aún no habían pasado ni unas horas de aquel desenlace y dolía. Dolía de una forma distinta, no como una muerte, sino como un vacío que no sabes nombrar, como una incertidumbre que aprieta el pecho y no te deja respirar. El aire falta, el cuerpo se llena de cosquillas nerviosas, los ojos se humedecen sin pedir permiso y la sensación es la de estar encerrado dentro de uno mismo. Los pensamientos empiezan a caminar sin rumbo, los recuerdos corren libres por rincones de la cabeza que ni siquiera sabías que existían.

Aparecen las fotos, los viajes, las primeras veces, todas a la vez, sin orden, sin piedad. Es algo parecido a ser tu propio prisionero, a no saber si quieres correr, gritar, salir a tomar aire o esconderte bajo las sábanas y llorar hasta vaciarte por dentro. Estar enamorado ya es duro; haber dejado ir a alguien estando aún enamorado es todavía peor. No hay palabras suficientes para explicar lo que se lleva dentro ni por qué ha tenido que acabar así.

No hay palabras suficientes para explicar lo que se lleva dentro ni por qué ha tenido que acabar. Porque cuando todo sucede tan rápido, el cuerpo va por delante de la cabeza. Reacciona antes de entender. Duele antes de aceptar. Y uno se descubre sentado, quieto, mirando a ningún sitio, intentando recordar en qué momento exacto se empezó a romper todo sin darse cuenta. Todo lo bonito se había ido consumiendo como una cerilla encendida.

El tiempo se vuelve extraño. Las horas pasan lentas, pero los recuerdos aparecen a la velocidad de un golpe. Todo vuelve sin avisar: conversaciones que parecían insignificantes, promesas que nunca se pensaron como promesas, miradas que ahora pesan más que entonces. Uno intenta agarrarse a la lógica, repetirse que era lo correcto, que no había otra salida, que seguir así también habría terminado rompiendo algo. Pero el corazón no entiende de argumentos. El corazón solo sabe que algo falta.

Hay un silencio nuevo, incómodo. Un silencio que no existía antes. El móvil ya no vibra como solía hacerlo, las rutinas se descolocan, los gestos más simples pierden sentido. Decir «buenos días» ya no es automático. Decir «buenas noches» se siente innecesario y, al mismo tiempo, insoportablemente ausente. Es curioso cómo lo cotidiano se convierte en lo que más duele.

La mente no descansa. Da vueltas, busca explicaciones, se detiene en detalles absurdos. Qué habría pasado si…, qué habría sido distinto si…, en qué punto exacto se podría haber hecho algo mejor. Pero no hay respuesta que calme. Porque, a veces, no se trata de hacerlo mejor, sino de aceptar que incluso dándolo todo no siempre basta.

El cuerpo lo nota todo: el pecho apretado, la garganta cerrada, el estómago encogido. Comer se vuelve una obligación; dormir, un intento fallido. Las noches pesan más que los días, porque en la oscuridad no hay distracciones, solo pensamientos. Y ahí, en ese espacio sin ruido, aparece la pregunta que nadie quiere hacerse: ¿y ahora qué?

Ahora toca aprender a vivir sin alguien que todavía importa. Toca asumir que el amor no se apaga de golpe, que no desaparece al tomar una decisión. El amor se queda, se transforma, duele de otra manera. Y duele más cuando no hay rencor al que agarrarse, cuando no hay culpables claros, cuando lo único que queda es cariño y una despedida que nadie quería del todo.

Se empieza a entender que el desamor no siempre es falta de amor, sino exceso de desgaste. Que hay relaciones que no mueren, se cansan. Que hay finales que no llegan por falta de sentimiento, sino porque sostenerlos se vuelve insostenible. Y aceptar eso es una de las cosas más difíciles que existen.

En medio de todo aparece el miedo. Miedo a quedarse así, a no volver a sentir con la misma intensidad, a no volver a confiar. Miedo a que este vacío se haga costumbre. Pero también aparece algo pequeño, casi imperceptible: la necesidad de no perderse a uno mismo en el proceso. De no romperse del todo. De entender que, aunque ahora todo pese, la vida no se detiene aquí.

Porque incluso en este punto, cuando todo duele y nada encaja, algo dentro sigue respirando. Sigue buscando sentido. Sigue intentando mantenerse en pie. No por fuerza, sino por instinto. Porque nadie se rinde del todo el primer día. Porque nadie acepta tan fácil lo que todavía le duele.

Hay un momento en el que el dolor no paraliza, empuja. En el que el miedo no frena, acelera. En el que permanecer quieto duele más que arriesgarse a equivocarse.

Algo dentro se rebela contra la idea de que todo haya terminado sin luchar hasta el final. Se activa una versión más impulsiva, más cruda, más auténtica. Una parte que no quiere vivir con la duda. Que prefiere parecer imprudente antes que cobarde.

Y cuando esa parte despierta, ya no piensa en consecuencias. Piensa en verdad.

Quizá no era valentía. Quizá era locura. Y fue esa locura la que lo llevó a moverse.

Esa noche no trajo respuestas inmediatas. Trajo espera. Y, en la espera, descubrió algo más difícil que escribir: sostener lo escrito.

Porque una cosa es tener el valor de hablar, y otra muy distinta es aceptar que, después de hacerlo, el control desaparece.

Allí comenzaba otra forma de incertidumbre más silenciosa, más adulta. El mensaje ya no le pertenecía. Ahora pertenecía al tiempo. Y este, a veces, responde de formas que nadie espera.

Cuando creyó que empezaba a sanar, cuando parecía que todo volvía a encontrar un mínimo equilibrio, entendió que se estaba engañando.

Nada estaba curado. Nada sana tan rápido.

El cansancio seguía adherido al cuerpo como una sombra. La ansiedad no desaparecía; solo cambiaba de forma. Y aunque intentara convencerse de lo contrario, todavía la quería. Más de lo que se permitía reconocer incluso en silencio.

No era solo agotamiento físico; era, además, desgaste mental. El cuerpo pedía tregua, pero la cabeza seguía repasando conversaciones, errores, silencios. Y en medio de esa lucha comprendió algo sencillo y brutal: había callado demasiado. Había hablado con orgullo, con enfado, con miedo, pero no con verdad. Y eso empezaba a pesarle más que la ruptura.

No quería convertirse en alguien que se traga lo que siente por temor a parecer débil. No quería que el miedo decidiera por él otra vez. Tampoco quería fingir que todo había terminado si dentro aún quedaban preguntas sin responder.

Aferrarse no siempre es perder. A veces es intentar entender hasta el final.

No buscaba promesas ni garantías. No soñaba con soluciones mágicas; solo necesitaba coherencia, decir lo que no dijo, hacerse cargo de lo que sí hizo.

La medianoche lo encontró despierto.

La ansiedad le apretaba el pecho, pero esta vez no era solo angustia: era urgencia de honestidad.

El teléfono permanecía sobre la mesa, inmóvil, como si supiera que ese gesto no era pequeño.

Durante unos segundos dudó.

¿Lo hacía por ella, o lo hacía para dejar de sentir esa presión constante por dentro?

Entendió entonces que ambas cosas podían convivir. Que a veces uno no actúa solo por amor, sino también por necesidad de no traicionarse.

Tomó el teléfono.

No escribió desde la desesperación, sino desde la claridad. No reclamó nada, ni exigió respuestas. Reconoció errores sin justificarse. Admitió silencios que debieron romperse antes. Dijo que la quería, sin adornos ni dramatismo. Que lo había hecho lo mejor que supo, aunque ahora supiera que pudo haberlo hecho mejor.

No pidió volver. No suplicó. Solo dejó la verdad donde antes había habido orgullo.

Cuando terminó, se quedó mirando la pantalla unos segundos. Sabía que aquel mensaje no garantizaba un regreso. No borraba el pasado. No reconstruía lo que ya se había fracturado, pero sí cerraba algo dentro de él.

Lo envió y, al hacerlo, sintió que soltaba peso. No el dolor, no la tristeza, pero sí la culpa de no haber sido completamente honesto.

Miró hacia atrás sin idealizar. Hubo idas y venidas, distancias, errores compartidos. No todo fue perfecto, pero fue real. Y lo real, aunque termine, deja huella.

La quería. Eso no cambiaba.

Lo que sí empezaba a cambiar era su manera de sostener ese amor. Entendía, por primera vez, que querer no siempre significa retener. A veces significa hablar claro y aceptar lo que venga después.

No sabía cuál sería la respuesta.

Quizá nada tuviera vuelta atrás. Quizá sí.

Esa parte ya no dependía solo de él.

Seguía cansado, herido, pero ya no estaba escondido detrás del silencio. Y eso no resolvía la historia. Solo abría la siguiente parte.

No todo se resolvía con palabras. A veces, decir la verdad no cerraba nada; solo despejaba el terreno. Y cuando el silencio dejó de ser culpa, empezó a ser impulso.

Había algo que seguía moviéndose por dentro. No era esperanza exactamente. Tampoco resignación. Era otra cosa. Una energía vieja, conocida, la misma que siempre lo había empujado cuando el miedo intentaba frenarlo.

No era la calma lo que lo definía. Nunca lo fue. Y entonces recordó quién había sido antes de aprender a contenerse.

Estar loco, y no en el sentido estricto de la palabra, no siempre fue estar enfermo. Estar loco, a veces, es actuar sin pensar. Es hacer lo que sientes sin medir el camino. Estar loco es una forma de vivir y de conquistar. Estar loco siempre fue su fuerte. Y no por eso significa ir a un psiquiatra, sino protagonizar un estilo de vida que hace que te definas como la persona que eres.

Fue esa locura la que lo llevó hasta aquí. Esa que no habla de planificaciones ni de respuestas cerradas, sino la que hacía lo que quería y lo que sentía sin hacerle caso a nadie. Esa locura que, con el tiempo, vas perdiendo y a la que llamas «madurar», pero que, cuando te das cuenta, entiendes que pueden ir de la mano. Una locura que no entendía ni de sentimientos ni de personas, la misma que a ella la enamoró cuando, un día improvisado, las cosas salían al pie de la letra. Esa locura que solo entienden los locos.

Entonces, él se entendió a sí mismo. Entendió que estaba loco. Entendió que lo que sentía por ella era lo que un día lo llevó a vivir así: hacer las cosas sin planificaciones, pensando más en «es mejor pedir perdón que permiso», pensando en sí mismo y en lo que lo había traído hasta aquí.

Fue por eso justo cuando se calzó las zapatillas y empezó a poner rumbo. Rumbo a su vida, a lo que había sido su relación y a lo que lo había traído hasta este punto.

Los kilómetros pasaban y los nervios lo recorrían por dentro. La boca ya no salivaba y el agua se agotaba. Se puso a pensar durante todo el camino si realmente lo que estaba haciendo merecía la pena. Si seguir intentando con alguien que tenía las ideas tan claras merecía la pena. Se puso a pensar si el amor merecía la pena.

Pero, si algo le trajo hasta aquí, fue precisamente eso: el amor.

Y no por eso hay que ocultarse. Unos están más locos que otros. A veces las parejas solo buscan refugio en la tranquilidad del otro, pero precisamente la paz que ella buscaba en él era esta: los impulsos, las locuras, las cosas que hacía sin pensar, las nuevas oportunidades que la vida te va abriendo. Tomar decisiones sin pensarlo demasiado fue lo que un día lo trajo hasta aquí y, en parte, hoy también lo hace.

Cuando se habla de locura, no necesariamente hay que hacerlo en el sentido estricto de la palabra, sino de esa que la sociedad hoy en día no entiende como algo válido y que él sí. Esa sociedad que está pendiente de otras personas para gustar más o gustar menos. Esa sociedad en la que todo vale y todo parece importar más que uno mismo.

Quizá haber llegado hasta aquí tenga un valor doble por no haberle hecho caso a nadie. Por pensar solo en sí mismo. En sanar.

Sanarse uno mismo es el significado de no entender de algoritmos ni de «buenas decisiones» dictadas por otros. Puede que esta sea la peor decisión que ha tomado en su vida, pero quizá sirva. Sirva como autoayuda. Sirva para empezar una nueva vida y reconstruirse por dentro, habiendo sanado todas las heridas y habiendo dado todo de sí para que esto funcionase.

Quizá no era tiempo de más lo que ella necesitaba. Quizá era tiempo de menos lo que ella quería y él no supo verlo. Y quizá eso es lo que lo tiene en vilo: no saber si todo esto fue una farsa o si realmente había amor de verdad. Si todo lo que vivieron fue real o solo una ilusión que se fue desgastando.

Y aunque cueste pensarlo así, aunque a veces tengamos que equivocarnos por nosotros mismos, aunque la sociedad diga que las cosas de corazón no sirven de nada, aunque las tormentas no sanen solas, aunque pase el tiempo y pasen cosas, aunque todo lo que esconden estas líneas sea lo más verdadero que el protagonista de esta historia ha contado nunca, siempre se ha de poder decir «lo intenté».

Él ha dado su cien por cien. Se ha quedado sin fuerzas, sin energía, sin vida. Puede que no haya merecido la pena el resultado, pero, al menos, fue él mismo. Y eso, en la vida tan estresante que llevamos, es lo mejor que uno puede decirse al mirarse al espejo.

No habla de autoestima. No habla de autoconvencimiento. No habla desde el rencor ni desde el dolor. Habla desde la tranquilidad de saber que, cuando todo acaba, lo único que duele de verdad es no haberlo intentado todo.

Porque si te quedas con la culpa de no haber hecho lo que sentías, jamás podrás mirarte al espejo y decir: «Diste hasta el último aliento que tenías y, aun así, no salió bien».

Y él prefiere vivir con la culpa de haberlo hecho que con la incertidumbre de preguntarse qué habría pasado.

Por todo esto, y por más, aquí se encuentra él, a metros de ella, escribiendo estas líneas en el coche. Sentado con el ordenador, viendo la lluvia caer, con un pellizco en el estómago preguntándose si está haciendo lo correcto, pero con la tranquilidad de saber que de amor nadie se muere y que tocaba luchar por aquello que había perdido, simplemente por haber perdido la locura que lo caracterizaba al principio. Esa que lo trajo hasta aquí. Esa que es la verdad más grande, sincera y bonita que uno puede decirse a sí mismo.

Nadie sabe qué pasará. Nadie sabe si solucionará las cosas o si, simplemente, la vida ha decidido cerrarle esta puerta. Solo sabe que, cuando pase el tiempo y vuelva a leer estas líneas, podrá decir: «Lo conseguiste, aquí estás. Lo que tanto te costó lo volviste a superar».

Finalmente, y contra todo lo que había imaginado, le puso fin a la historia más real que había vivido.

Y es que
él sabe lo que pasó.
Sabe que no salió como él creía.
Sabe que no hubo el giro que imaginó mientras
conducía bajo la lluvia.
No hubo abrazo que cambiara el rumbo ni hubo
milagro.
No hubo vuelta atrás.
Hubo una conversación real.
Hubo miradas que ya no sostenían lo mismo.
Hubo un final que, aunque doliera, era firme.
Y, aun así, no se arrepiente.

Porque estar loco —como él lo entiende— nunca fue garantía de victoria, sino de verdad. Fue garantía de no esconderse. De no quedarse en casa preguntándose qué habría pasado si hubiese ido. De no dejar que el orgullo decidiera por él.

Estar loco fue presentarse, fue hablar, fue abrir el pecho, aunque temblara la voz, y eso nadie se lo puede quitar.

Las cosas no salieron como esperaba, pero salieron claras, sin dudas, sin fantasías. Salieron como tenía que salir algo que ya estaba roto por dentro, aunque él no quisiera verlo. Y esa claridad, aunque duela, también sana. Porque ahora sabe. Sabe que la quiso bien. Sabe que lo intentó hasta donde pudo. Sabe que no se quedó a medias, y eso cambia todo.

Estar loco no fue correr detrás de alguien. Fue correr hacia sí mismo. Fue recuperar esa parte que había ido perdiendo entre la rutina, el miedo y la comodidad. Fue recordar que amar no es acomodarse, que querer no es sobrevivir, que la pasión no se negocia.

Sí, perdió a la mujer que creía que era su futuro. Sí, perdió un proyecto. Y sí, perdió una relación que pensaba que desembocaría en otra cosa.

Pero ganó algo que no sabía que estaba perdiendo: su identidad. Ganó la tranquilidad de saber que no fue cobarde. Que no se escondió detrás del «ya está». Que no dejó que el tiempo decidiera por él. Que no permitió que el miedo dictara el último capítulo. Y eso, en una vida donde casi todos se callan lo que sienten, vale más que cualquier final feliz.

Estar loco fue atreverse a sentir sin anestesia. Fue amar sin cálculo. Fue arriesgar sin red. Y aunque el resultado no fue el que soñaba, el proceso lo reconstruyó por dentro.

Porque en ese intento desesperado por no perderla, se dio cuenta de cuánto se había perdido él.

Porque en ese viaje impulsivo entendió que la madurez no es dejar de sentir, sino sentir sabiendo que puedes salir herido.

Porque, al final, cuando todo terminó de manera definitiva, no quedó vacío: quedó más consciente, más suyo.

Ahora sabe que el amor no siempre se queda, pero siempre enseña. Que las despedidas no siempre destruyen, a veces revelan. Que no todas las luchas se ganan, pero todas dejan cicatriz. Y las cicatrices, cuando dejan de doler, se convierten en carácter.

Las cosas no salieron como quería.

No hubo segunda oportunidad, no hubo reconstrucción conjunta, pero hubo crecimiento.

Y cuando dentro de años vuelva a leer estas líneas, no recordará solo el dolor. Recordará el valor. Recordará que fue fiel a lo que sentía. Recordará que estuvo dispuesto a parecer loco por amor.

Y entenderá que esa locura no lo hizo débil. Lo hizo humano.

Porque, al final, estar loco no es perder la cabeza. Es tener el corazón tan despierto que te niegas a vivir a medias.

Y si algo le queda claro después de todo esto es que, aunque ella no volviera, aunque el plan no funcionara, aunque el desenlace no fuera el que imaginó, sirvió. Sirvió para vaciarse, para mirarse sin máscaras. Sirvió para descubrir que el amor no era ella solamente, sino también la forma en la que él era capaz de sentir. Y eso nadie se lo puede arrebatar.

Las cosas no salieron como esperaba, pero él volvió a encontrarse. Y, quizás, esa era la única historia que realmente necesitaba escribir.

Aunque encontrarse no siempre significa estar bien.
No significa que el dolor desaparezca.
No significa que la decisión deje de doler solo
porque haya sido clara.
A veces, la certeza no trae paz inmediata. Trae
silencio.

Y en ese silencio, cuando ya no hay lucha ni esperanza de giro inesperado, empieza la parte más difícil: aprender a vivir con el vacío. Y el vacío no entiende de crecimiento, solo pesa.

La presión en el pecho no aflojaba. Al contrario, cada hora pesaba más. Las fuerzas no estaban; simplemente no aparecían.

Había una agonía constante por dentro, una que no sabía explicarse.

Intentaba hablar con gente, distraerse, apoyarse en quienes le querían, pero cada intento convertía el camino en una cuesta más empinada. Y no debería ser así. Con el paso del tiempo, aquello —la angustia, el vacío— tendría que ir desapareciendo, pero no lo hacía.

Algunos lo llamaban «ansiedad». Otros lo disfrazaban con nombres más suaves para poder dormir tranquilos. Pero no era nada de eso. No lo era. Aquello iba mucho más allá de lo que alguien puede controlar. Era un sentimiento que no cabía en palabras, algo que se imponía incluso cuando uno intentaba ser fuerte. Podía sonar exagerado. Podía sonar dramático. Pero cuando mandan los sentimientos, uno deja de mandarse a sí mismo.

Solo habían pasado días desde que ocurrió todo y, aun así, el todo ya se había convertido en nada. Pasar de tener el chat fijado a verlo archivado, enterrado al final de la lista, dolía más de lo que habría querido admitir. Algo tan simple como dar las buenas noches se volvía imposible. Y, siendo honestos, últimamente las noches tenían poco de buenas.

Era esa sensación constante de notar cómo la persona de la que estaba enamorado se iba alejando poco a poco. Y él lo veía y no podía hacer nada.

Se miraba a sí mismo buscando fuerzas donde ahora mismo no las había. Intentaba encontrar el error, repasaba conversaciones, momentos, silencios. Quizás el error fue pensar que hubo un error. Fueron dos niños en una relación de adultos. Y donde parecía que se acababa el amor, en realidad, solo empezó a confirmarse algo que ya sabían: no era para ellos. No así. No ahora.

Las horas pasaban, los días pesaban y aún no levantaba la cabeza en todo el día. Todo alrededor se volvía negro. Y cuando parecía llegar una buena noticia, dejaba de serlo porque no tenía a quien contársela. Eso era de lo que más dolía. Tener algo que decir y a nadie a quien decírselo.

Pensar en lo que pasó era horrible. Pero más horrible aún era pensar en lo que fue, en lo que hubo, y asumir que no volvería. Darse cuenta de que ya no habría más veces de nada. Ni una más.

No encontraba sentido a nada. Solo se preguntaba por qué todo tenía que acabar así. Intentaba centrarse en sí mismo, hacer lo que se supone que hay que hacer. Y entonces aparecía su peor enemigo: las redes sociales. Ese lugar del que no salía, porque, en realidad, no quería estar en el mundo real. Leía para evadirse y terminaba haciéndose más daño. Frases que parecían escritas para él lo devolvían al mismo punto de partida. Cuando creía que se había distraído, entendía que nada distrae de verdad.

Pensaba en lo bonito que fue todo mientras duró. Pensaba en ella y se daba cuenta de que, desde que pasó todo, no había sabido decir ni una sola palabra mala. Quería cargar con todas las culpas. Sentía que había estado con una persona de corazón humilde, sano y puro. Una de esas personas que aparecen una vez en la vida. De las que, si se van, ya no vuelven igual.

Pensar eso no era lo malo.

Lo malo era darse cuenta de que la dejó escapar.

Sabía que había sido la decisión correcta. Lo sabía, aunque por dentro todo le dijera que no. Decidieron seguir creciendo juntos, pero de maneras diferentes. Y sí, juntos, aunque sonara contradictorio. Porque amar no siempre es querer para uno mismo, sino querer bien. El amor no entiende de posesión.

Se querían, mucho, y, aun así, la vida a veces aprieta justo cuando las alas empiezan a cansarse. Y entonces soltar la cuerda duele, pero quizás es necesario.

No quería llamarlo «adiós». Ni siquiera un «hasta luego». Prefería pensar que el tiempo los pondría donde tuvieran que estar. Y si era para ellos, la vida los devolvería el uno al otro. Mientras tanto, tocaba crecer por separado para no romperse del todo.

Sabía que aquello iba a tardar en digerirse. Mucho. Se dio cuenta de demasiadas cosas cuando ya era tarde. No supo estar a la altura. Ni de ella, ni de sí mismo. La comunicación, que siempre fue la base, se les escapó sin darse cuenta. No se reconocía, y suponía que ella tampoco.

Empezaron siendo demasiado pequeños, y sostener algo así durante tantos años pesa más de lo que uno cree.

Tal vez no supieron entender del todo qué era estar enamorados el uno del otro. A veces confundía amar con aguantar y, tal vez, ahí radicaba parte del error.

Cuando le preguntaban por ella, se le quebraba la voz. Se le llenaban los ojos de lágrimas al intentar explicar todo lo bueno que vivió, la suerte que tuvo, la pena inmensa que le daba estar separados. Y, aun así, empezaba a entender que tal vez el problema no era la distancia, sino no saber aceptar que, aunque doliera, estar separados también podía ser una forma de quererse.

Claro que costaba. Costaba porque estaba lejos. Porque hubo planes. Porque había un futuro dibujado con demasiada claridad. Se hacía escenarios imaginarios en la cabeza, como cualquiera que ha amado de verdad. Pensaba que algún día podrían haber sido felices viviendo juntos. Pero antes incluso de llegar a eso, pensaba en el hoy. En todo lo que les costó llegar hasta allí. En haber planeado una vida entera y verla frenarse de golpe, no por falta de amor, sino por no querer cortarse las alas el uno al otro. Y eso dolía. Dolía mucho.

Pensó que quería que ella viviera sus sueños. Los que tenía antes de que él llegara. Los que quizá se quedaron a medio camino mientras intentaban encajar. Y entendió que siempre quiso que los viviera a su lado. Pero amar también es aceptar que, en ocasiones, acompañar significa soltar. Aunque uno no esté preparado. Aunque por dentro todo se rompa.

Ahora necesitaban tiempo. Y, aun así, sabía que volvería a luchar por ella. No desde la urgencia, sino desde la certeza de lo que había significado.

Quería que volara. Que viera mundo. Que se convirtiera en la mujer que siempre quiso ser. Si algún día era a su lado, sentiría que había ganado. Y si no, le bastaría con verla cumplir todo aquello que un día le contó.

La clave estaba en eso: darse tiempo. Volver a ser ellos, aunque fuera por separado. Aprender a quererse bien. Se debía demasiado a sí mismo. Promesas hechas en momentos de pérdida. No volver a fallarse. Construir lo que quería ser, aunque doliera.

Y así es como una noche más se fue a dormir con la sensación de estar en el mismo pozo en el que ella lo encontró, solo que ahora las escaleras bajaban. Ojalá supiera pararlas a tiempo.

Porque la vida sigue.
Sigue, aunque por dentro algo se haya quedado detenido.
Sigue, aunque el cuerpo avance y la cabeza permanezca atrás.
Sigue incluso cuando uno todavía no entiende cómo seguirla.

Y, en medio de esa inercia inevitable, empezó a notar que avanzar no siempre significa estar listo. Que a veces simplemente se trata de atravesar las horas, de sostenerse, de respirar.

Los recuerdos empezaron a doler como espinas. Su imagen no salía de su cabeza; aparecía incluso cuando intentaba no pensar en ella. Todo se sentía frágil, distinto, como si nada terminara de encajar. En su mente solo persistía una idea que se repetía una y otra vez: empezar de nuevo. Volver a ser él. Quererse más. Dejar de hacer eso que siempre lo había caracterizado: mirar primero por los demás y dejarse para el final. Tener amor propio. Al final, todo parecía reducirse a eso, a aprender a quererse a uno mismo.

Intentó comenzar algo distinto: nuevos hábitos, nuevos proyectos… Incluso volvió a comer con algo más de intención. Las fuerzas seguían débiles y el orgullo a veces le podía. Los pensamientos no dejaban de hablarle de una vuelta. No sabía si una vuelta a la relación o una vuelta a ser quien fue con ella —o gracias a ella—. Se preguntaba en qué falló, cómo podría haberse solucionado, si existía otra forma de afrontar todo aquello. El amor seguía ahí. No se había terminado. Y eso era lo que más vueltas le daba en la cabeza.

Nada era fácil. Mucho menos en tiempos donde todo parecía girar en torno al estrés, la ansiedad y la necesidad constante de gustar a los demás. Entendió que ese era el cambio que le tocaba asumir: gustarse a sí mismo. Olvidarse del mundo, aunque fuera por unas horas.

Comprender que cuando uno ha dado el cien por cien a alguien, aunque todo acabe, la vida de alguna forma termina devolviéndolo.

Ese fue un día extraño. Se sorprendió riéndose y se sintió fuera de lugar, como si no le correspondiera. Lo intentaba, pero algo en su cabeza le decía que no, que todavía no. Y entonces leyó algo que lo hizo detenerse.

«El duelo no es solo llorar,
es desayunar sin hambre,
reír sintiéndote roto
y habitar en un mundo
que dejó de tener sentido».

Y con esa frase retumbando en su cabeza es como se fue a dormir.

Con el paso de los días, se puso a pensar en lo que se había dado cuenta la otra noche, y entonces ahí entendió que no estar bien también forma parte de lo normal. Que estar desbordado no significa estar fallándole a nadie. Que querer empezar de nuevo no implica cerrar una vida, sino intentar sostenerla. Comprendió que los momentos cotidianos pesan más de lo que creemos. Que esas risas pequeñas, esos ratos simples, una puesta de sol, un esfuerzo que parece inútil… todo eso es lo que de verdad importa, aunque solo lo entendamos cuando ya duele.

En algún momento, las lágrimas llegaron sin previo aviso. No fue un llanto grande ni ruidoso, sino de esos que se escapan mientras uno hace cualquier cosa. Mientras se duchaba. Mientras miraba el móvil sin buscar nada. Llorar ya no era una decisión, era una reacción. Y cansa. Cansa más de lo que parece.

El cuerpo empezó a pasar factura. Volvía a dormir poco y mal. Se despertaba varias veces pensando que todo había sido un mal sueño, y cada vez que abría los ojos, volvía la realidad, igual de pesada. El pecho seguía apretado, como si respirara a medias. Comer costaba. Todo costaba. Incluso levantarse de la cama parecía un pequeño logro que nadie veía.

Sintió el impulso de escribirle. Muchas veces. Cogió el móvil, lo soltó, lo volvió a coger. Escribió frases que borró antes de terminarlas. No porque no supiera qué decir, sino porque sabía demasiado bien lo que quería decir. Y no era el momento. O quizá sí, pero no así.

Seguía queriendo estar con ella —eso no había cambiado, ni un poco—. El deseo de volver seguía ahí, constante, silencioso, pesado. Y, al mismo tiempo, empezaba a entender que querer no siempre significa volver, aunque duela aceptarlo. Esa contradicción era agotadora. Amar y soltar no caben en la misma frase sin romper algo por dentro.

Sintió miedo. Miedo a que aquello no fuera solo una pausa. Miedo a acostumbrarse a su ausencia. Miedo a que llegara un momento en que ya no doliera tanto y que eso también doliera. Porque, aunque sonara absurdo, en ese instante el dolor era lo único que aún lo unía a ella.

A ratos se repetía que tenía que ser fuerte. A ratos se permitía no serlo. Y empezaba a sospechar que quizá ser fuerte no es aguantar sin llorar, sino seguir ahí, aun cuando todo pesa. Respirar cuando falta el aire. Pasar las horas sin entenderlo todo.

No avanzó demasiado, pero permaneció. Y, por ahora, eso era suficiente.

Y los días siguieron bajo esa misma pregunta que llevaba todo el día flotando en el aire.

Si el amor sigue aquí, ¿qué se hace con él cuando ya no se sabe dónde ponerlo?

La respuesta no llegó, y la angustia no cesó; al contrario, se instaló.

Los momentos no mejoraron; empeoraron. Las lágrimas ya no caían como antes. Ahora se secaban en la cara, dejando rastro. Las fuerzas no estaban. Se cansó de todo lo que llevaba encima: de las costumbres, de los hábitos, de esa rutina que antes lo sostenía y, ahora, pesaba el doble. La comida seguía sin querer entrar; las penas, en cambio, aumentaban con cada hora que pasaba.

Empezó a sentirse menos persona. Ni siquiera hacía el esfuerzo de aparentar lo contrario. Solo quería que aquello pasara. Estaba agotado de sostener tanto. Quizá todo dependiera de él. Quizá no. Pero había una idea que no se iba: quería volver a ser quien era.

La soledad comenzó a echarse encima sin aviso. Con ella llegó una avalancha de recuerdos y de dolores de cabeza que no lo dejaban avanzar. Se sentía triste, decaído, superado. Nunca imaginó que dolería así. Tal vez cada acto tenga su consecuencia, pensaba, y aquella fuera la suya.

Aun así, seguía creyendo que el futuro podría devolverle a la mujer que siempre quiso. Mantenía puertas abiertas que sabía que quizá no debería. Seguía queriendo hablarle, preguntarle cómo estaba, contarle todo lo que había vivido esos días que, aunque pocos, ya parecían eternos.

Y no todo había sido oscuridad. También ocurrieron cosas buenas. Y, tal vez, eso era lo que más dolía: no poder compartirlas con ella. No poder contarle lo que le había hecho sonreír, aunque sonara irónico, aunque todo hubiera pasado demasiado rápido. Tenía demasiado que decirle.

Quizá fuera eso lo que lo mantenía así: la certeza de que ni las mayores alegrías se parecían, ni de lejos, a estar con ella.

Los días comenzaron a pesar el doble, como si alguien los hubiera estirado a propósito. Desde que se levantaba hasta que se acostaba no dejaba de mirar el reloj. El tiempo no avanzaba y su cabeza no se detenía. Encendía el móvil a cada rato, esperando un mensaje que no llegaba.

No quería hacerse el fuerte. Tampoco podría, aunque quisiera.

El mensaje nunca aparecía.

Pensaba que quizás ella estuviera mejor sin él. O quizás le estuviera pasando lo mismo. No lo sabía. La culpa empezó a instalarse con más firmeza y la incertidumbre de no saber cómo estaba en cada momento lo mantenía atrapado en un bucle silencioso.

Él quería ser de esas parejas que entienden que a veces hay que separarse para no perderse. De las que necesitan tiempo para mejorar, para quererse bien, para echarse de menos y volver a encontrarse. Tal vez debería haberlo dicho antes. Tal vez ya daba igual.

Lo único que tenía claro era lo que quería. Y querer, ahora mismo, dolía.

El tiempo dejó de medirse en días y empezó a medirse en momentos. El temporal no solo se escuchaba detrás de la ventana; sonaba dentro de su cabeza, constante, a viva voz. Intentaba espantarlo, pensar en otra cosa, pero ni siquiera escribir le servía ya para distraerse de lo que fue.

Buscaba una reflexión en todo aquello. No sabía si la había. No tenía respuestas, solo preguntas que llegaban mientras se ahogaba esperando algo que no sabía cuándo aparecería.

Empezó a entender que necesitaba más tiempo. Que nada llega de la noche a la mañana. Su cuerpo había dicho «basta». Había colapsado. No podía más. Sentía que debería hacer algo con todo lo que había pasado, pero, al mirar hacia adelante, comprendía que no podía forzar nada. Forzar ya no era una opción. Vivir al mil por mil tampoco.

Necesitaba un respiro, un descanso, calma.

Necesitaba parar, respirar y mirarse. Analizar la situación desde otra perspectiva. Liberarse de todo lo que llevaba dentro, porque aquello pesaba. Y pesaba demasiado.

Pensaba que el tiempo no existe fuera como algo sólido. Existe en la mente. El pasado vive en la memoria; el futuro, en la expectativa, y el presente, en la atención. Cuando las horas pasan rápido es porque la atención fluye, porque uno no cuenta el tiempo: lo habita. Para él, el tiempo real no era el del reloj, sino la duración. Una continuidad viva.

Cuando las horas volaban, la vida tenía sentido. Pero ahora no.

Ahora las horas se arrastraban, y ahí empezaba el verdadero sinsentido.

Había momentos en los que parecía que todo se calmaba, como si el cuerpo concediera una tregua breve, engañosa. Duraba poco. Bastaba un pensamiento, una canción, un gesto automático —coger el móvil, abrir una conversación que ya no estaba— para que todo volviera a caer.

Era agotador vivir en alerta constante, midiendo cada segundo, esperando que algo cambiara sin saber exactamente qué.

Comenzó a entender que el duelo no avanza en línea recta. Hay instantes en los que uno cree estar mejor y otros en los que siente que ha retrocedido varios pasos. Y eso confunde. Porque se había prometido ser fuerte, recomponerse, seguir adelante.

Sin embargo, el cuerpo no entiende de promesas; el cuerpo recuerda, y recuerda incluso cuando la cabeza intenta olvidar.

A ratos se reprochaba no haber hecho más, no haber dicho ciertas cosas a tiempo, no haber sabido leer señales que ahora parecían evidentes. Otras veces se defendía, se recordaba que también dio todo lo que tenía, que nadie ama perfectamente, que crecer juntos no siempre significa hacerlo al mismo ritmo.

Vivía atrapado entre la culpa y la comprensión, sin saber cuál de las dos dolía más.

El silencio de la noche pesaba distinto. No había distracciones. Solo pensamientos que se sentaban a su lado sin pedir permiso. Se preguntaba cómo estaría ella, si dormiría bien, si pensaría en él, aunque fuera un poco. Y esa duda constante se convertía en una forma lenta de desgaste.

Amar sin saber duele más que amar sabiendo que no hay vuelta atrás.

El cansancio comenzó a acumularse, no solo físico, sino emocional. Como si llevara días cargando un peso invisible que nadie más veía. Le costaba concentrarse, escuchar, imaginar un futuro que no la incluyera. No porque no existiera, sino porque todavía no sabía cómo habitarlo.

Y, aun así, muy en el fondo, algo no se rompía del todo.

Una intuición débil, casi silenciosa, le decía que sobreviviría a aquello. No de inmediato, no igual que antes, pero sí de otra forma. Quizá más consciente. Quizá más honesta.

Por ahora, solo sabía una cosa: necesitaba seguir escribiendo para no desbordarse. Necesitaba permitirse estar mal sin sentirse culpable por ello. Necesitaba aceptar que sanar no es olvidar, sino aprender a convivir con lo que duele sin que lo destruya.

Y aunque el tiempo siguiera arrastrándose, aunque las horas no avanzaran como deberían, decidió quedarse, respirar, aguantar un poco más.

Porque, incluso en medio del caos, seguir ahí también era una forma de valentía.

Y, por primera vez en mucho tiempo, dejó de buscar respuestas en el exterior.

Se permitió simplemente estar. Estar con el dolor, con el vacío, con la incertidumbre.

No había prisas. No había urgencias. Solo su respiración, los recuerdos que subían y bajaban como olas, y la conciencia de que algo estaba a punto de cambiar.

Era un silencio activo, una pausa elegida.

No era resignación. No era abandono. Era la primera señal de que podía moverse de nuevo, aunque aún no supiera hacia dónde.

Qué difícil era todo.

Después de haberlo llamado loco por amar así, por insistir así, por creer así… lo más difícil no era el amor, sino el después.

Era vivir esperando algo de alguien, sabiendo que quizás ese algo ya no llegaría. Era despertarse con el impulso automático de mirar el móvil, imaginar que, por una vez, el mensaje sería suyo. Era querer escribir un simple «hola, hoy salió todo bien» y tragarse las ganas.

Era difícil no tener con quien compartir lo que antes era cotidiano. Difícil no recibir aquel mensaje que antes parecía pequeño y que ahora se habría sentido enorme. Difícil aceptar que quien hacía que las horas se sintieran minutos ahora convertía los minutos en horas interminables.

Y sí, cansaba.

Cansaba sostener una esperanza que no sabía si era fe o negación.

Cansaba analizar cada conversación pasada buscando el momento exacto en que todo cambió.

Cansaba preguntarse si insistir era valentía o necesidad.

Porque nadie hablaba del limbo.

Se hablaba del amor, de la ruptura; sin embargo, no se hablaba de ese espacio intermedio, donde no se está con la persona, pero tampoco se está completamente sin ella.

Y el limbo desgastaba más que cualquier final.
Desgastaba justificar silencios.
Desgastaba entender procesos que no eran propios.
Desgastaba respetar tiempos ajenos mientras el
suyo se quedaba detenido.

Con el tiempo, empezó a entender que todo tenía un propósito. Que si algo era para él, volvería. Que la vida separa para enseñar. Que hay relaciones que empiezan con un adiós, porque antes hay que aprender a estar preparados.

Y podía ser verdad.

Había personas que llegaban para mostrarle lo que era la conexión real y se iban para enseñarle a sostenerla sin depender de ella. La distancia no era castigo, sino transformación. Que el amor no desaparecía, solo cambiaba de forma.

Cuando comprendió eso, dejó de enfadarse con el destino, pero no dejó de cansarse.

Porque comprender no eliminaba el vacío. Entender no borraba la ausencia. Aceptar no significaba que no doliera.

Lo más difícil no era admitir que algo había terminado. Lo más difícil era no saber si había terminado de verdad.

No saber si estaba respetando un proceso o prolongando una despedida. No saber si esperar era lealtad o miedo a soltar. No saber si avanzar era traición o supervivencia.

Podía amar.
Podía estar dispuesto a cambiar.
Podía querer empezar de cero.
Pero no podía construir por dos.
No podía acelerar procesos ajenos.

No podía convencer a alguien de estar listo. No podía sostener un vínculo si el equilibrio no era mutuo.

Aceptar eso fue un golpe de humildad enorme. Lo obligó a mirarse y preguntarse por qué estaba dispuesto a dar tanto. Si amaba o intentaba salvarse. Si insistía por convicción o por miedo a quedarse solo.

Ahí apareció algo de lo que casi nadie hablaba: la identidad. Porque cuando compartes tanto tiempo con alguien, no solo compartes planes o recuerdos. Compartes versiones de ti, gestos, rutinas, maneras de pensar… Incluso silencios que solo tenían sentido en ese «nosotros».

Y cuando eso se rompe o se pausa, no solo se pierde a la persona. Se pierde una parte de la versión que eras con ella.

De repente, ya no era el que mandaba ese mensaje antes de dormir. No era el que planeaba viajes imaginarios a meses vista. No era el que pensaba en plural cuando hablaba del futuro.

Volvía al singular. Y volver al singular después de haber aprendido a conjugar en plural era extraño, incómodo; a veces, incluso violento.

Porque lo obligaba a redescubrirse sin el espejo del otro. A preguntarse qué cosas le gustaban de verdad y cuáles le gustaban porque eran compartidas. Qué planes eran suyos y cuáles eran de ambos. Qué partes de sí mismo habían crecido en la relación y cuáles se habían acomodado.

Ahí empezó a comprender que el amor no solo une. También transforma. Hace más blando en algunas cosas. Más firme en otras. Más consciente de los límites. Más expuesto en los miedos.

Y cuando todo eso se desestructuró, tuvo que decidir si quería recuperar exactamente al que era antes o construir una versión nueva.

Esa decisión era más profunda que cualquier reconciliación.

Porque volver con alguien siendo el mismo que era cuando todo falló no cambia nada.

Pero cambiar de verdad implicaba asumir que algo en él también necesitaba moverse.

Y ahí el cansancio empezó a transformarse en conciencia.

Conciencia de que amar no significa perderse.

Conciencia de que esperar eternamente no es prueba de grandeza.

Conciencia de que hay momentos en los que parar no es rendirse, sino respetarse.

Y, mientras tanto, la vida siguió.

Siguió, aunque él estuviera detenido.

Siguió, aunque una parte de él quisiera congelarlo todo hasta que hubiera una señal clara.

Ahí empezó el cambio silencioso.

Empezó a hablar menos, a pedir menos, a esperar menos. No porque dejara de sentir, sino porque estaba agotado de sentir sin poder hacer. Porque había algo que dolía más que perder: no poder hacer nada para recuperar.

No sabía qué pasaría.

No sabía si el silencio era pausa o final.

No sabía si el tiempo uniría o separaría definitivamente.

No sabía si era destino mal sincronizado o, simplemente, aprendizaje.

Lo único que sabía era que no podía vivir en ese punto intermedio para siempre. No podía seguir llamando esperanza a lo que ahora mismo era incertidumbre. No podía seguir dependiendo de una posibilidad para estar en paz.

Tal vez amar así no era locura. Tal vez era intensidad mal gestionada. Tal vez era aprendizaje.

Y si era aprendizaje, entonces no podía terminar en espera. Tenía que terminar en movimiento.

Algo tenía que cambiar. No sabía todavía qué. No sabía todavía cómo. Pero sabía que no podía seguir siendo el mismo que empezó esta historia.

Quizás el verdadero giro no sería que volviera. Quizás el verdadero giro sería que, por primera vez, dejara de esperar a que algo pasara y empezara a provocarlo.

Y eso daba miedo, porque cambiar no es escribirlo. Es hacerlo. Y esta vez no había promesas, solo movimiento. Y la pregunta final ya no era «qué pasará con ella», sino quién será él cuando deje de esperar.

Entonces, se quedó un momento sentado, sin moverse, como si todo el peso de los días y los recuerdos se posara sobre él en silencio.

Respiró hondo, dejando que el aire llenara cada rincón de su cuerpo. No había prisa, no había expectativas, solo el instante.

Miró la ventana. La luz entraba de manera irregular, dibujando sombras que cambiaban con cada segundo. Pensó que quizás así era la vida: fragmentos de claridad y de sombra, mezclados sin orden, esperando que uno aprendiera a caminar entre ellos.

No había certezas, solo la sensación de que algo debía moverse, aunque no supiera qué.

Algo dentro de él empezaba a aflojar los nudos que lo habían mantenido detenido. No era valentía todavía. No era resolución. Era el primer paso hacia algo que aún no tenía nombre.

Y mientras dejaba que ese momento lo atravesara, entendió que no necesitaba respuestas inmediatas.

No necesitaba saber si ella volvería. No necesitaba forzar caminos. Tan solo necesitaba estar presente, sostenerse a sí mismo y aprender a ser quien era cuando dejara de esperar.

Porque, tal vez, el verdadero cambio no vendría de ella, sino de todo lo que estaba a punto de descubrir de sí mismo.

El silencio lo acompañó un instante más y, entonces, por primera vez en mucho tiempo, no sintió urgencia de llenarlo. Solo dejó que el tiempo pasara.

Ese instante fue suficiente para que entendiera algo esencial: el cambio no vendría de fuera. No aparecería a través de un mensaje, de una señal o de una reconciliación. El cambio empezaba por él. Por su decisión de dejar de depender, de dejar de sostener la esperanza que ya no le pertenecía y de aprender a caminar con sus propios pasos.

Y fue en esa quietud que comprendió que estaba listo para avanzar, aunque no supiera aún hacia dónde. No para volver atrás, sino para reconstruir, pieza por pieza, todo lo que el tiempo y la vida habían removido. Porque la transformación real no era un destino; era un camino de decisiones, de paciencia y de aceptación.

Con esa claridad, levantó la mirada y comprendió que el siguiente capítulo de su vida no se mediría en lo que perdiera ni en lo que recuperara, sino en cómo sostendría su propio equilibrio mientras todo se movía a su alrededor.

Nadie le había enseñado a estar preparado para los cambios. Nadie le había dicho qué camino debía tomar cuando todos parecían cerrados. Nadie le había aconsejado mejor de lo que podía hacerlo él mismo. Nadie lo había preparado para levantarse de nuevo cuando ya lo había hecho demasiadas veces.

Los cambios llegaron solos. Llegaron por decisiones propias y, sobre todo, por la certeza de que la madurez es un camino que cada uno reconstruye paso a paso. Pero los cambios no siempre simbolizan nuevas energías ni cosas positivas. A veces solo señalan que algo debe moverse para que todo lo demás pueda hacerlo. Porque, como él mismo se repetía, nada cambia si no cambia uno primero.

Esos cambios no solían llegar de la noche a la mañana. Eran piezas en reconstrucción que él colocaba día tras día. A veces se quedaba con una pieza en la mano, sin saber dónde encajarla, intentando que nada se tambaleara, intentando que todo fuera más fácil.

Quizás su mayor error fue no saber qué pieza colocar en cada instante. O quizá fue no entender que, a veces, hay que repetir una pieza anterior para sostener la estructura. Pero también podía ser su mayor fortuna: permitir que todo se tambaleara para poder detenerse, respirar y decidir hacia dónde seguir. No fue como esperaba, pero era como necesitaba. Porque, a veces, hay que soltar para aprender a volar. Y volar, descubrió, es de lo más valioso que una persona puede hacer.

Emprender ese vuelo nunca fue sencillo, mucho menos cuando todo estaba destruido. Las noches seguían pesando, aunque los días parecieran más cortos. Los pensamientos no desaparecían, aunque se volvieran intermitentes. Y los cambios no llegaban tan rápido como uno quisiera. Todo consistía en colocar pieza sobre pieza para abrir un nuevo camino. Quizás no el definitivo. Quizás no el correcto, pero sí el que permitía salir de la tempestad.

El mayor error del ser humano, pensaba, era confundir lo divertido con lo fácil. Creer que la comodidad conduce a la excelencia o que la paz verdadera surge cuando todo está bien. Qué aburrido sería que alguien marcara siempre el camino. Qué vacío sería que la torre se mantuviera en pie sin esfuerzo. La vida no es «pan comido»; hay que amasarla.

Nadie lo había preparado para los cambios, pero en el fondo tampoco quería que lo hicieran. Las experiencias se medían en errores y aciertos, y era él mismo quien debía darse cuenta.

El cambio que estaba viviendo iba a tardar. Nada había sanado del todo. Todo seguía presente en su cabeza. Y cuando más preparado se sentía para empezar de nuevo, un rayo de luz lo obligaba a abrir los ojos.

No había que tener prisa para que todo llegara o sanara. No había que correr detrás de un futuro planificado. Había que tener prisa por vivir el presente, por ser uno mismo, por sostener el día a día. Ese era el primer cambio real que podía hacer en su vida.

Llevaba ya mucho tiempo desde que comenzó la transformación más difícil de su vida. No era la primera ni sería la última, pero sí la más compleja. Y, como terminó aquella historia, llegó al final: no de golpe, no con ruido. Llegó cuando su corazón sanó, cuando hizo su parte, cuando la muerte dejó de ser tan temida, cuando la pérdida dejó de ser ausencia para convertirse en acompañamiento.

Esta vez no tenía a nadie a su lado. Estaba solo; acompañado, sí, pero solo en lo esencial. Quizás eso era lo que necesitaba: darse cuenta por sí mismo. Las escaleras del pozo ya no llevaban nombre, y tampoco quería que lo llevaran. Por eso, el camino pesaba el doble, pero reconstruía el doble.

No necesitaba que nadie le dijera qué había hecho mal. Necesitaba descubrir qué había hecho bien. Qué quería en su vida y qué no. Tal vez, como ella, debía apartarse de lo que la sociedad considera correcto para entender que lo correcto es aquello que uno está dispuesto a sostener. Y aunque suene contradictorio, cuando la cabeza no puede más y las fuerzas se agotan, lo que empieza a sobrar es precisamente el ruido de fuera.

Él estaba dispuesto a cambiar. Ella, a su manera, también. Pero el problema surge cuando uno lo quiere todo y el otro aún no confía en que los cambios lleguen. Entonces uno aprende a vivir solo, y el otro se queda atrapado en el vacío que deja quien se va.

No se trataba de culpas. Se trataba de comprender que, cuando a uno le falla lo más importante, el otro no puede sostenerlo todo. Para uno, intentarlo no era en vano. Para el otro, no intentarlo era una forma de protegerse. Darlo todo no pesa si nace desde el corazón, pero esperar que alguien más lo sostenga puede ser agotador.

Y cuando la insistencia deja de ser obsesión, el amor empieza a entenderse por separado. Entender el amor así no era perderlo, sino comprender que amar no significa estar anclado. Que a veces hay que retroceder para avanzar. Que quererse a uno mismo no implica dejar de querer al otro. Que el amor puede permanecer, incluso cuando la forma cambia.

Quizás algún día sus vidas volvieran a cruzarse. Quizás no. El tiempo haría su trabajo o lo desharía todo. Ya no importaba.

Lo que sí importaba era que él ya no estaba esperando. Ya no esperaba un mensaje, ni una señal, ni que el destino corrigiera nada.

Estaba viviendo, con dudas, con miedo, con cicatrices abiertas, pero viviendo. Y vivir, después de tanto sobrevivir, era un salto enorme.

El cambio del que hablaba no tenía que ver con ella. Tenía que ver con él. Con dejar de pensar que el futuro es algo que se negocia. Con dejar de creer que el amor se asegura. Con entender que la estabilidad no siempre es estar acompañado, sino estar en paz con lo que uno es, incluso cuando todo se mueve.

Quizás algún día sus caminos se cruzarían de nuevo. Quizás no. Ya no lo sabía. Lo único cierto era que no se quedaría inmóvil esperando que algo cambiara si él no lo hacía primero.

El verdadero cambio no consistía en recuperar lo perdido. Consistía en convertirse en alguien que no necesita perder para reaccionar. Y, por primera vez en mucho tiempo, sentía que algo empezaba. No era evidente, no era perfecto, no era definitivo, pero se estaba moviendo.

Cuando algo se mueve dentro de uno, aunque nadie más lo vea o lo entienda, sabes que la historia no ha terminado.

Sabes que lo que viene no será igual.
Sabes que el siguiente paso no será cómodo.
Sabes que hay decisiones que todavía no has tomado.
Pero también sabes que esta vez no te quedarás quieto.
El cambio no había llegado del todo.
Estaba llegando.
Y cuando llegue de verdad, no será para volver atrás; Será para empezar algo que todavía no tiene nombre.

Y quizás ahí —justo ahí— empiece y termine, a la vez, la parte más importante de toda esta historia.

Tras varios años de reconstrucción y de aprender a sostenerse solo, comprendió algo fundamental: no podía quedarse atrapado en la espera de algo externo para sentirse completo. Lo que alguna vez había parecido un final absoluto ahora se revelaba como una etapa de aprendizaje. Cada decisión, cada caída, cada silencio que lo había dejado vacío había sido necesario para que él entendiera cómo sostenerse.

Y con esa comprensión, llegó a la siguiente etapa: el agradecimiento hacia sí mismo. No hacia otra persona, no hacia la vida, sino hacia él mismo, por haber soportado, aprendido y evolucionado. Porque comprender lo que significaba amar de verdad también incluía reconocer que el amor podía transformar, incluso cuando no permanecía.

Suena irónico pensar que lo más importante comenzaba a revelarse justo cuando la historia parecía llegar a su fin. A pesar del dolor, había algo que agradecer. Agradecía haberse visto en un punto en que ya no podía fingir. Agradecía el momento en que comprendió que no necesitaba depender de nadie para sentir paz interna. Agradecía el cansancio, porque fue señal de que algo dentro de él ya no quería seguir sobreviviendo en el «quizá».

Ese límite lo obligó a decidir: que amar no podía significar desaparecer; que esperar indefinidamente no era lealtad, sino miedo; que el respeto propio pesaba más que cualquier posibilidad incierta. Esa etapa le quitó cosas, pero también le devolvió otras: le devolvió el foco, el silencio sin ansiedad, la capacidad de estar solo sin sentirse abandonado. Lo que parecía ruptura fue reconstrucción; lo que parecía final fue ajuste; lo que parecía pérdida fue limpieza. No fue bonito, ni suave, ni romántico. Fue necesario.

Ahora lo veía con claridad. Su historia ya no era solo suya; era de cualquiera que hubiera amado con intensidad, que se hubiera quedado esperando una señal que nunca llegó, que hubiera confundido insistencia con valentía y miedo con esperanza. Porque el amor no se equivoca cuando termina; se equivoca cuando obliga a traicionarse a uno mismo para sostenerlo.

Ahí estaba el verdadero aprendizaje: no todo lo que duele es un error, no todo lo que se va es un fracaso, no todo lo que termina está destinado a durar. Hay historias que llegan para enseñarte, no para acompañarte toda la vida. Hay personas que no se quedan, pero dejan una versión más consciente, más fuerte, más despierta de ti mismo. Amar no es un error; dejar de aprender sí lo sería. El verdadero final feliz no consiste en volver, recuperar o reescribir. Consiste en aceptar, integrar y avanzar sin rencor.

Su historia terminaba de verdad. No porque el recuerdo desapareciera, sino porque ya no condicionaba su presente. Vivir atrapado en un «para siempre» era ilógico; lo que existió fue un «era necesario». Necesario para entender que amar no es perderse, que esperar eternamente no es grandeza, y que la dignidad también es una forma de amor.

Agradecía haberse despertado, haberse comprendido, haber aprendido que el amor no se mide por cuánto dura, sino por cuánto transforma. Cada cicatriz, cada recuerdo, cada instante de dolor ahora tenía un matiz distinto: aprendizaje, respeto propio, claridad. Todo aquello que parecía un final absoluto se convertía en los cimientos de quien empezaba a ser.

La gratitud se volvió un acto silencioso, íntimo, profundo: un diálogo consigo mismo donde reconocía que su esfuerzo no había sido en vano, que cada paso había sido necesario, que cada caída había enseñado a levantarse mejor. Vivir ya no significaba esperar que algo sucediera; significaba sostenerse, avanzar y aprender a ser él mismo sin depender de nadie más.

Y ahí estaba él, en esa certeza silenciosa: no necesitaba que nada regresara, no necesitaba que nadie confirmara su valor. Su vida podía continuar con cicatrices visibles o invisibles, con recuerdos que a veces dolían y otras reconfortaban, pero con la seguridad de que ya no viviría esperando.

Lo más importante ya no era lo que tenía o perdía, sino lo que estaba aprendiendo a ser. Y esa lección todavía no había terminado. Aún quedaba una etapa más: un cambio definitivo, silencioso y profundo, que transformaría todo lo anterior en algo nuevo, algo que solo el tiempo revelaría.

Mientras tanto, respiraba. Observaba la luz que entraba por la ventana y la quietud que antes no podía sostener. Por primera vez en años, entendió que vivir no era esperar, sino sostenerse y avanzar.

El final aún no estaba escrito, pero esta vez sabía que lo podía enfrentar, con gratitud, con calma, con la certeza de que lo que viene será distinto, porque ya no era el mismo que empezó la historia.

Y, quizás, justo ahí, entre la gratitud y lo desconocido, comenzaba la última etapa: la transformación definitiva.

Algunas historias no están hechas para durar, sino para enseñarte quién eres.
Y si estás leyendo esto buscando respuestas, ojalá entiendas algo antes de que sea tarde.
Espero que hayas aprendido que necesitas el silencio para escucharte, la distancia para reconocerte y la ausencia para dejar de depender.

Él lo entendía ahora, más claro que nunca. No porque todo hubiera sido fácil, ni porque las pérdidas hubieran dejado de doler, sino porque había aprendido a mirar su vida desde un lugar distinto: más sereno, más consciente, más suyo.

Durante tiempo había vivido atrapado en la espera. Esperaba señales, mensajes, gestos, coincidencias. Esperaba que alguien llegara para reparar el vacío que sentía dentro, que completara aquello que él mismo no sabía sostener. Cada silencio, cada demora, cada despedida que parecía final lo dejó frente a sí mismo, desnudo de certezas y lleno de preguntas sin respuesta. En esos momentos descubrió que nadie más puede darle lo que uno no se da a sí mismo.

Aprendió que el amor no es vértigo, ni urgencia, ni miedo a perder. Aprendió que amar no significa acelerarse, ni depender, ni desaparecer. Que la verdadera fuerza estaba en sostenerse a sí mismo, incluso cuando nada a su alrededor parecía estable. Que el primer acto de valentía era mirar sus propias cicatrices, reconocerlas y no huir de ellas.

Recordó los primeros años, la intensidad que confundió con verdad, el enamoramiento que lo cegó, la necesidad de aferrarse a algo que no podía sostener. Recordó los errores: la insistencia, la espera infinita, el miedo a soltar. Recordó la confusión y la culpa que lo acompañaban, los silencios de quien también se encontraba perdido. Y comprendió que cada error, caída y desilusión habían sido necesarios para formar la persona que estaba frente al espejo ahora: consciente, resiliente y dueña de sí misma.

Recordó también la etapa de reconstrucción. Los días en que se sentaba en la quietud, sin prisa, permitiéndose sentir cada emoción sin juicio. La sensación de que cada pequeño avance, cada decisión silenciosa, cada ajuste en su interior era parte de un cambio que no se veía, pero que se sentía crecer. Aprendió que el cambio real no llega con ruido ni con ceremonias, sino con la manera en que respiras, con cómo sostienes tus emociones, con la forma en que te permites ser completo, incluso cuando nada a tu alrededor es previsible.

La etapa de agradecimiento fue otra revelación. No agradecía la ausencia ni el dolor, ni el silencio de quien se fue. Agradecía haberse visto a sí mismo en sus límites, haberse dado cuenta de que la espera eterna no traía paz, que depender de otros para sentir plenitud era una trampa que él mismo podía soltar. Agradecía el cansancio que lo obligó a decidir, a poner sus prioridades, a respetarse. Agradecía las pérdidas porque, paradójicamente, eran la puerta para encontrarse. Aprendió que el amor verdadero no siempre dura, que algunas personas vienen a enseñarte, no a quedarse, y que cada despedida puede contener lecciones valiosas.

Recordó los momentos de soledad, los instantes en que creía que no podría soportar más, y cómo la vida lo obligó a mirarse sin máscaras, a sostener la ansiedad, a construir un silencio que antes lo aterraba. Fue allí donde comprendió que la fortaleza no se medía por lo que podía dar a otros, sino por lo que podía ofrecerse a sí mismo. Que sostenerse no significa ser insensible, sino ser consciente. Que sanar no es olvidar, sino integrar todo lo que se vivió, transformar cada dolor en enseñanza, cada caída en aprendizaje.

Repasó mentalmente cada etapa de su historia: la espera, la confusión, el enamoramiento, el dolor, la pérdida, la reconstrucción, el agradecimiento. Cada capítulo tenía su razón de ser, cada caída enseñaba algo nuevo: cómo no depender, cómo amar sin perderse, cómo soltar sin odiar, cómo reconocer los límites propios sin culpas. Todo lo que parecía un caos había servido para construir un mapa interno, para guiarlo hacia su propia claridad.

Aprendió que la intensidad no garantiza estabilidad, que la espera no asegura un regreso, que la entrega sincera no siempre encuentra reciprocidad, pero nunca es en vano: cada acto de honestidad emocional deja una enseñanza que permanece. Aprendió que los silencios pueden ser más valiosos que las palabras, que la distancia puede ser una maestra más sabia que la cercanía, y que la ausencia puede enseñarte la plenitud de estar contigo mismo.

Ahora entendía que el cambio definitivo no es un acto puntual. No llega con una frase, ni con un momento dramático. Llega como un conjunto de decisiones, de actos silenciosos, de pasos que parecían invisibles mientras los daba, pero que transformaron su manera de ser, de amar y de vivir. El cambio definitivo es poder mirar atrás y ver toda la historia sin dolor, sin rencor, sin dependencia. Es poder reconocer que cada caída fue necesaria, que cada error lo fortaleció, que cada pérdida lo hizo más consciente.

Se dio cuenta de que el amor no es la búsqueda de alguien que complete, sino la capacidad de encontrarse. Que amar de verdad incluye respetarse, sostenerse y no traicionarse por nadie. Que la fuerza no está en retener, sino en soltar, en aceptar, en mirar la propia vida y decir: «Esto es mío y puedo continuar».

Y así, después de todo, el protagonista comprendió que estaba listo. Listo para empezar otra vez, para abrir nuevas páginas de su vida sin esperar, sin depender, sin miedo. Que todas las etapas de esta historia —la pasión, el dolor, la confusión, la espera, la ruptura, la reconstrucción, el agradecimiento— habían servido para formarlo, para enseñarle que la vida no se mide por la duración de lo que se tiene, sino por la profundidad de lo que se aprende.

Cada lágrima, cada silencio, cada decisión equivoca-da y cada pequeño triunfo habían construido la persona que ahora miraba hacia adelante con la calma y la certeza de quien ha pasado por el fuego y ha salido intacto, no indemne, sino más fuerte. Comprendió que la verdadera victoria no es recuperar lo que se perdió, sino reconocerse completo en medio del caos, capaz de sostener la vida que desea sin excusas, sin miedos, sin culpas.

Recordó la fuerza que tuvo cuando decidió esperar sin depender, cuando decidió amar sin perderse, cuando decidió sostenerse antes de intentar sostener a otro. Re-cordó la valentía de enfrentar la soledad y la incomodidad, de atravesar el dolor y no rendirse, de reconstruir cada fragmento de sí mismo hasta encontrar coherencia interna.

Y comprendió que este era el final de la historia que conoció, pero también el comienzo de todo lo que estaba por venir. Porque ahora no necesitaba que nada ni nadie confirmara su valor. Lo había descubierto por sí mismo. Su vida podía continuar, con cicatrices visibles o invisibles, con recuerdos que unas veces dolían y otras reconfortaban, pero con la seguridad de que ya no viviría esperando.

El aprendizaje más grande que le quedaba era también el más simple: la vida no se mide por lo que recibes, sino por lo que aprendes y por cómo decides sostenerte. Amar no es completar ni depender; es crecer, sostenerse, transformar… Y, con esa certeza, comprendió que estaba listo para enfrentar lo que viniera, para abrirse a lo nuevo, para vivir con plenitud, para amar con conciencia y libertad.

Todo lo vivido hasta ahora había sido un maestro. Cada dolor, cada pérdida, cada instante de incertidumbre, cada acto de entrega había servido para enseñarle a sostenerse, a reconocerse, a amarse y a comprender que el cambio definitivo no es un regalo del tiempo, sino de uno mismo: de la decisión consciente de ser completo, de caminar sin depender, de mirar hacia adelante sin miedo y con gratitud.

Y así, finalmente, con todas las lecciones integradas, con el corazón más sereno y la mente clara, supo que podía comenzar otra vez. No era el mismo que empezó esta historia; era alguien más fuerte, más consciente, más presente, más capaz. No necesitaba esperar a nadie. No necesitaba comprobar su valía con el mundo. Todo lo que había vivido le había dado la certeza de que podía sostenerse a sí mismo, amar sin perderse y caminar hacia lo que quisiera crear.

La historia había terminado. No porque la vida dejara de avanzar, sino porque él había cerrado el capítulo que necesitaba cerrar. Porque ahora podía mirar el pasado con gratitud, el presente con claridad y el futuro con esperanza. Porque había entendido que algunas historias no están hechas para durar, sino para enseñarte quién eres, y que todo aprendizaje verdadero deja una semilla que florecerá cuando estés listo para recogerla.

Y él estaba listo para hacerlo.

Sobre el autor

David González Arcas escribe desde el lugar donde nacen las dudas y las certezas. Tras la publicación de *365 días para escribir* en 2022, regresa con *Entre el «quizá» y el «basta»*, una obra que transita entre lo que se espera y lo que se necesita decir. Su escritura es un viaje íntimo hacia las emociones, los silencios y las decisiones que nos definen.

Con tan solo veintitrés años, ha publicado su segundo libro. Entre dudas, incertidumbre y miedos, encuentra en la escritura una forma de apagar los fuegos internos que, en determinados momentos, le atraviesan. Sus palabras invitan a un viaje entre lo cotidiano y la reflexión, recordando que no siempre todo sucede como uno espera.

Autor introspectivo y emocionalmente consciente, David está profundamente ligado a los procesos internos y a las decisiones que marcan la vida. Este joven deportista y escritor antequerano no se pone límites: avanza constantemente en sus proyectos personales, buscando crecer tanto en lo profesional como en lo humano.

Escribe para entender, para soltar y, sobre todo, para quienes también entienden esto de lo que va la vida.